Cómo Mejorar Tu Historial Crediticio:

Estrategias Probadas Para Reparar Tu Historial Crediticio, Cómo Incrementarlo y Superar La Deuda de Tarjeta de Crédito

Volumen 3

Por

Income Mastery

La información en las siguientes páginas se considera, en términos generales, una descripción veraz y precisa de los hechos. Como tal, cualquier falta de atención, uso o mal uso de la información en cuestión por parte del lector hará que las acciones resultantes sean únicamente de su competencia. No hay escenarios en los que el editor o el autor de este libro puedan ser considerados responsables de cualquier dificultad o daño que pueda ocurrirles después de llevar a la práctica la información aquí expuesta.

Además, la información contenida en las siguientes páginas está destinada únicamente a comunicar y, por tanto, debe considerarse universal. Como corresponde a su naturaleza, se presenta sin garantía respecto a su validez prolongada o calidad provisional. Las marcas comerciales que se mencionan se realizan sin consentimiento por escrito y de ninguna manera pueden considerarse auspicios de la misma.

Tabla de Contenidos

Capítulo 1. Conociendo el historial crediticio

1.1. Antes de pedir cualquier dinero, tengo que contarte un error que cometí al usar un crédito, para que no lo repitas

Debo confesar que fue un capítulo oscuro en mi vida respecto a la economía, que manejé muy mal. En agosto de 2016, me excedí en el uso de la tarjeta de crédito de un conocido banco de mi país. Antes de continuar, manejaré los montos en dólares americanos, ya que la moneda de mi país es el nuevo sol, lo que podría causar confusión en ustedes. Prosigamos. Generé una deuda equivalente a $350. Luego, seguí entorpeciendo mi historial crediticio al pagar el monto mínimo, lo que representaba unos $290; todos los meses, pues en ese momento ganaba casi $475 mensuales. Si pagaba mi deuda completa, me quedarían unos $85 para vivir en el mes y en transporte eran al menos $59 mensuales.

No me alcanzaría para consumos alimentarios, vivienda o servicios. En ese momento vivía en una habitación cerca de mi centro de trabajo. Tenía que salir a comisiones y la consultoría duraba cuatro meses, sin contemplar pagos por gratificación, descansos médicos u otras inclusiones que podía ganar como colaboradora de la empresa en la que trabajaba. En diciembre de ese año terminó mi consultoría, pero seguía pagando el mínimo de esa deuda de $290, gracias a otro ingreso menos como validadora de publicidad en una empresa de teletrabajo online.

A principios del año 2017 ya estaba hasta el cuello de esa deuda, cuando una amiga pagó lo que yo debía a la entidad bancaria. Sin embargo, mi trabajo de ese momento no me permitía devolverle lo pagado, ya que ganaba un sueldo mínimo de $267. A ella la despidieron a finales del 2018; fue cuando comencé a devolverle lo abonado, con un intercambio: ella sacó un crédito de $295, prorrateado en dos años. Pagó el primer año hasta que fue despedida del trabajo, como referí anteriormente. Entonces, asumí la deuda hasta terminar el segundo año de la misma.

Muchas lecciones para mí y para ti, que me estás leyendo: no hay que excederse con las tarjetas de crédito, no se debe gastar más de lo que se gana y no hay que pagar el mínimo de lo indicado en la tarjeta de crédito porque genera más endeudamiento. Todo ello por no saber si debía usar en exceso o no mi tarjeta, y si tenía la capacidad de pagar esa deuda como se debía.

Hasta aquí la referencia de lo que no debes hacer en tu historial de crédito. Lo que viene son los conceptos e indicaciones de lo que harás para no caer en deuda, como yo.

1.2. Financiamiento de créditos

Para comenzar, el crédito es una herramienta clave en nuestras finanzas; aprender a manejarlo de forma adecuada te ayudará a conseguir tus metas y objetivos. Analiza diversos factores de tu situación financiera antes de pedir un crédito: cuántas deudas tienes, cuáles son tus gastos fijos y con qué activos cuentas. Aquí los diversos tipos de créditos:

1.2.1. Crédito revolvente. Del inglés *revolving credit*, es un tipo de crédito que no tiene un número fijo de cuotas, en contraste con el crédito convencional. Ejemplos, los asociados a las tarjetas de crédito que brinda una línea de crédito, sobre la que se va realizando compras y pagos. Un crédito revolvente te permite disponer del dinero que no tienes al momento, pero que vas a recibir en un futuro inmediato. Tiene una fecha de corte, que establece el inicio y el fin de un periodo de compras y pagos; y una fecha de pago, que es el último día para pagar, de esta forma el banco te considerará y no te penalizará.

Otro tipo de tarjetas son las de crédito de almacenes o supermercados, que sirven para comprar en sus establecimientos. Con ambas puedes aprovechar promociones mensuales, sin intereses y otros beneficios adicionales. Antes de solicitar alguna tarjeta, revisa siempre el costo anual total, la tasa de interés, las comisiones, las promociones y otros beneficios, así como los demás términos y condiciones. Yo, por ejemplo, al adquirir mi primera tarjeta de crédito pude comprar mi primera laptop, aprovechando una promoción del momento.

1.2.2. Préstamos de libre inversión o personal. Son créditos abiertos que al solicitarlos no debes explicar en qué los utilizarás, y además pueden ser fragmentados. Son ofrecidos por bancos, instituciones financieras e incluso empresas que se dedican exclusivamente a otorgarlos. Asegúrate de que sea una empresa seria y revisa las estipulaciones de tu contrato antes de firmar. Siempre consulta, compara y revisa el costo anual total, anualidad, comisiones, así como todos los términos y condiciones.

También elabora tu presupuesto y verifica tu capacidad de pago. Un ejemplo personal que cito es que este tipo de crédito lo usaron mis padres para remodelaciones en su vivienda, y otro más para un viaje. En mi caso, me ofrecieron un préstamo cercano a los $2900, pero decliné por otras ocupaciones y pagos más primordiales. ¿Beneficios? Varios, además de la posibilidad de lograr un buen historial crediticio: nada de papeleos (solo con tu documento de identidad) y acceso en menos tiempo que una solicitud regular. Con un préstamo de libre inversión tendrás hasta 60 días de periodo de gracia para pagar la primera cuota. Asimismo, podrás pagar en las cuotas que te sean más cómodas.

1.2.3. Créditos específicos. Se trata del crédito cuya cantidad podrá ser utilizada únicamente en un objetivo y deberás comprobar que lo destinaste a ese fin. Su ventaja está en los montos y los planes de pago que están diseñados de acuerdo con el objetivo. Estos créditos son, por ejemplo, hipotecarios, educativos y automotrices, entre otros. Un ejemplo de este tipo de crédito son los préstamos que otorgan las universidades, una vez terminada la carrera educativa y más un empleo de la misma universidad. Estos préstamos deben ser pagados en un determinado tiempo, hasta un máximo de 10 años.

Desde luego que se tiene que cumplir algunas condiciones que la casa de estudios solicita al alumno, como cursar pregrado y posicionarse en el tercio superior como uno de los mejores alumnos de la facultad, además de ubicarse en las escalas de pensiones medias y altas de la universidad. Estas escalas están asociadas con sistemas de pensiones que el alumno paga de acuerdo a su situación económica. Hay casas de estudios que contemplan nueve niveles, siendo el primero el más bajo y el noveno, el más alto. Otro ejemplo son los créditos educativos que proporcionan diversas entidades bancarias, cuyo periodo de pago suele ser menor (cinco años) y el monto a prestar el equivalente a $30000, e implican facilidades de pago.

1.2.4. Préstamo para bienes de consumo duradero. Este tipo de crédito está relacionado con la adquisición de bienes que tienen un valor comercial y una vida útil determinada, como son los automóviles, equipos de cómputo, electrodomésticos, mobiliarios y equipos. El acreditado deberá aportar un porcentaje del costo total y el banco le presta el restante. Estos bienes en ocasiones pueden servir como garantía del préstamo.

Por ejemplo, cuando alguien cercano a mi círculo de amigos solicitó un préstamo para adquirir una docena de computadoras y le explicó a la financiera que este préstamo era para instalar un negocio de cabinas de internet, en las que invirtió sus ahorros. Con ello garantizó que la financiera le prestara la cantidad monetaria para finalizar la compra de estos equipos. Una vez hecho esto, mi conocido comenzó a pagar las cuotas correspondientes a sus préstamos, mientras su negocio avanzaba. Tuvo que recibir en breve la visita de los colaboradores de la financiera, quienes fotografiaron los ambientes de la cabina de internet, los equipos. Mi conocido tuvo que firmar los papeles de conformidad.

1.3. Sencillos pero importantes términos para lidiar con el historial crediticio

1.3.1. Capacidad de endeudamiento. También llamado uso de crédito, capacidad de pago o ratio de deuda. Es una medida relacionada con cuánta deuda tienes en tu tarjeta versus cuánto te está permitido gastar. De acuerdo con expertos consultados por una entidad bancaria de mi país, el límite de capacidad de endeudamiento es entre un 35% y 40% de los ingresos netos mensuales. Es el resultado de la resta de los ingresos totales y los gastos fijos en un mes.

Hagamos este ejercicio: suma todos tus ingresos y, luego, réstale todos los pagos que debes hacer. El dinero restante, que está «libre», representa lo que mensualmente podrías destinar al préstamo.

Una tarjeta de crédito con $900 de deuda y un límite de crédito de $1000 tiene un ratio de deuda muy alto: 90%.

1.3.2. Tasa de Costo Efectivo Anual (TCEA). Está compuesta por la tasa de interés, pero también de costos adicionales por atrasos, envíos de cuenta en físico, entre otros. Este monto extra por servicios varía de acuerdo a la entidad bancaria. Por ejemplo, algunas tarjetas de crédito de mi país tienen una TCEA de 104,04% mientras que otras tienen 124,55%, y algunas cifras cerca del 154,7%.

1.3.3. Cuota comodín. Es uno de los beneficios que dan algunas entidades bancarias. En algunos casos, pueden darte la opción de acceder a ella una vez al año, dos veces durante todo el préstamo, depende del banco. Necesariamente, tienes que ser puntual en tus pagos. Toma en cuenta que este no es un ahorro, sino posponer el pago, porque arman el nuevo cronograma de abonos, pues los intereses continúan.

1.3.4. Impuesto al Valor Añadido (IVA). También conocido como Impuesto al Valor Agregado. Es un impuesto indirecto sobre el consumo que grava las entregas de bienes y las prestaciones de servicios. No se aplica de manera directa a la renta de los contribuyentes, sino que se paga según el consumo que haga cada persona. Cuantos más productos o servicios compres, más IVA pagarás. Es la misma tasa para todos, independientemente de los ingresos del contribuyente al que se le esté cobrando dicho impuesto. Es proporcional y trata de un porcentaje determinado que se aplica a todos los productos y servicios. En la mayoría de países hay dos, tres y hasta cuatro tipos de IVA, dependiendo del producto o servicio al que esté sujeto el impuesto. Averigua sobre el IVA en tu país.

Capítulo 2. Historial crediticio, ¡aquí vamos!

2.1. ¿Qué es el historial crediticio?

Según Oscar Salas, exdirector de Producto y Negocios de Afluenta, fintech de finanzas colaborativas en Argentina: El historial de crédito se elabora con los datos que aportan tanto las entidades financieras como las empresas de telefonía, eléctricas, de automóviles o aseguradoras. Esta calificación será la que le permitirá obtener un crédito.

2.2. ¿Cómo puedo obtener mi historial crediticio?

Comienza por obtener un plan para tu celular, una tarjeta de tiendas por departamento o contratar televisión por cable. Otra manera es solicitar una tarjeta de crédito; al empezar a usarla, entrarás en el historial crediticio. También, pide un préstamo en tu entidad financiera de confianza. Un producto financiero como una cuenta de ahorros, también es una opción para obtener el historial crediticio.

Mi hermano, diseñador gráfico de profesión, contrató servicio de Internet con telefonía fija cuando tenía 19 años; así hizo su entrada al mundo del historial crediticio. Otro ejemplo, la apertura de mi primera tarjeta de crédito cuando trabajaba como consultora de comunicación para un organismo internacional. Había certificado que trabajaba ahí desde hace tiempo, para que se me otorgara la tarjeta. Anteriormente, era practicante de otra empresa; a pesar de contaba con pagos mensuales, no era sujeto de crédito.

2.3. ¿Qué es la calificación crediticia?

Es una puntuación que entregan las agencias de medición a los créditos o deudas de diferentes empresas, gobiernos o personas, según su calidad crediticia. Se hace sobre base del historial crediticio de una persona natural o jurídica y, sobre todo, la capacidad para devolver la financiación. Esta capacidad se hace en base a la analítica de todos los pasivos y activos del sujeto a evaluarse. Las calificaciones crediticias oscilan entre los puntajes de 300 y 850. Una calificación baja indica menor capacidad crediticia y una calificación alta, mayor capacidad crediticia. La mayoría de los profesionales financieros recomiendan una calificación crediticia de por lo menos 700. Las calificaciones iguales o superiores a 700 le permiten a un prestatario obtener tasas de interés más bajas en préstamos y tarjetas de crédito que otras personas con calificaciones crediticias más bajas.

2.4. Así arruino mi historial crediticio

Empieza a tener un mal historial al no pagar a tiempo las cuentas de la tarjeta de crédito, como me ocurrió a mí al principio de este capítulo. Otra forma es fallarle a alguien que se presentó como tu aval a la entidad bancaria y no pagaste a tiempo. Cuántos familiares y amigos se presentaron como garantes para que su conocido endeudado pagara el crédito y, al final, han sido ellos los que han tenido que pagar una deuda que no era suya, porque el sujeto no pudo pagar las cuentas pendientes.

De igual forma, la falta de tiempo para pagar un préstamo perjudica el historial. Ahora ya no hay excusa en cuanto a esto, pues los débitos automáticos de las tarjetas pagan por ti, claro si activas esta opción en tu plataforma. Si tienes un servicio, por ejemplo, un plan de telefonía celular y no lo pagas o lo haces a destiempo, echas al tacho tu historial. Ese pago que tenías que hacer por el servicio de Internet que te brindan y te olvidaste pagar, también es un punto en tu contra.

Son pocos los casos, pero ocurre que la identidad duplicada es causa de un mal historial crediticio. Aunque no lo creas, hay ocho identidades conocidas como mi primer nombre y mi primer apellido en todo el país. Y, sí, por confusión de esos nombres tu historial crediticio puede verse afectado. Una consecuencia funesta de no pagar a tiempo las deudas es que, aunque suene muy cruel, es más complicado acceder a algunos empleos. Lo cierto es que ciertas empresas condicionan la contratación de trabajadores, en el sentido de que no tengan una mala calificación en la central de riesgos del país o estén reportados en pérdida.

2.5. ¿Cuántos días de retraso en pagar se me permite y cómo esto repercute en mi historial crediticio?

2.5.1. Normal. Si no te has retrasado ningún día, esta sería tu calificación crediticia; eres candidato para un préstamo, según los bancos. Si a pesar de tus pagos no tienes esta calificación, ello podría deberse a que hasta hace menos de seis meses tuviste un retraso. En seis meses, luego de que te pongas al día en tus cuentas podrás calificar como normal.

2.5.2. Cliente con problemas potenciales. Así calificas si te retrasas de 9 a 30 días. Solo pagas la cuota y continúas tus pagos puntuales los siguientes meses para volver a tener una calificación normal. Con esta calificación, todavía cuentas con acceso a préstamos personales, aunque no a altas sumas de dinero, y tu tasa de interés será un poco más alta.

2.5.3. Cliente deficiente. Entras en esta categoría con más de 30 días y menos de 60 de retraso. No podrás recibir nuevos préstamos de ninguna entidad bancaria.

2.5.4. Cliente dudoso. Cuando tu retraso en los pagos es más de 60 días y menos de 120. No tienes solvencia para pagar los intereses.

2.5.5. Cliente en quiebra. Tu retraso por el abono de deudas es de más de 120 días. Has suspendido tus pagos. Prepárate, es la peor calificación crediticia. Los bancos ven poco probable que te recuperes, por lo que la idea de un préstamo es improbable.

Otras formas de arruinar tu historial crediticio son usar la tarjeta de crédito por supuestas rebajas (que al final dejarás olvidadas) y no calcular presupuestos al solicitar crédito para un evento importante (como viajes o tu boda).

2.6. ¿Se borra la información crediticia?

La información histórica sigue apareciendo. Por ejemplo, en agosto de 2016 tenía la deuda que referí en líneas anteriores; tenía un par de retrasos en mis pagos con monto mínimo. Eso no se borrará, siempre va a aparecer, aunque ya no como deudor.

2.7. Así reparo mi historial crediticio

2.7.1. Entiende y comprende tu informe y calificación crediticios. Este es un registro de tu pasado financiero. Incluye cualquier préstamo, factura, tarjeta de crédito u otras deudas que hayas tenido y si realizaste los pagos adecuados a cada cuenta. Para resumir: si tengo un crédito de $9500 en mi entidad bancaria y pido $9000, me estoy arriesgando demasiado a que se me califique como un potencial peligro. En cambio, si solicito unos $5000, tengo respaldo monetario y pago a tiempo las cuotas, verán que soy sujeto potencial de más préstamos.

2.7.2. Revisa tu informe crediticio periódicamente. Para detectar actividad no autorizada, errores y facturas impagas. Solicita una copia gratis de tu informe crediticio en la página de tu país, dedicado al rubro. Establece un plazo y un presupuesto para pagar tus deudas y comunícate con todos los acreedores para acordar plazos de pago.

Lo que narraré a continuación es algo que me sucedió con una de mis tarjetas de débito. Retiré del cajero automático la cantidad de $400, pero recibí solo $300. Me alarmé, pedí un reporte en la agencia bancaria más cercana que encontré y, efectivamente, registraba que retiré $300. Entonces, hice una solicitud de devolución; anoté las referencias del cajero que me otorgó otra cifra. Me respondieron al cabo de poco tiempo. Aceptaron que la mala calibración de su cajero automático fue lo que causó el problema. Me hicieron la devolución del dinero restante.

Otro ejemplo, que me da mucha vergüenza presentar (ahora lo tengo más claro), es que no quería revisar mi informe crediticio porque pensaba (muy ingenuamente) que si pagaba el mínimo del monto de crédito, este iba a disminuir. Grave error, que pasaré a explicar en el siguiente punto.

2.8. Sé cauteloso si los acreedores te proponen «reducir» o «saltar» pagos. Mejor es refinanciar

Pagar una cantidad mínima, aunque aparentemente es mejor que no pagar nada, es una pequeña trampa.

Porque, así cubras el monto mínimo para que tu cuenta se considere al corriente y no genere intereses, también es una trampa que causará que el saldo en tu tarjeta se convierta, crezca hasta casi ser impagable. ¿Por qué? Pues por la manera en que se calcula y se aplica. Supongamos que el saldo de tu tarjeta de crédito es de $10000 y el límite de crédito es de $30000. Hay dos métodos que se pueden aplicar:

- $30000 (límite de crédito) x 1.25% (factor) = $375 de pago mínimo. La primera se basa en tu línea de crédito. El banco toma el 1.25% del total de tu línea de crédito y establece el monto a pagar.

- $10000 (saldo) x 1.5% (factor) = $150 + $320 (IVA + intereses) = $470 de pago mínimo. La segunda es la suma del 1.5% del saldo que le debes al banco más los intereses correspondientes a este monto con IVA.

Tu pago mínimo es de $470, la mayor cantidad. Estarías aplicando un pago de solo $150 a tu deuda y casi el 70% se utilizaría para pagar intereses. Si sigues pagando esa cuenta mínima, tu deuda crecerá cada mes y el pago mínimo subirá hasta que tu capacidad de pago no te permitirá cubrir ni siquiera esta cantidad. Cancela primero las cuentas morosas, luego las deudas que tengan las tasas de interés más altas; podrás ahorrar dinero. El ejemplo de mi mala administración de dinero y los pagos mínimos de la tarjeta causaron un forado en mi presupuesto. Y no quiero que tú repitas ese mal ejemplo.

En cuanto a la refinanciación de tu deuda, trata con el banco para reprogramar en los siguientes seis meses el pago de tu crédito. Al atrasarte en tus pagos, así sea por un mes, tu opción inmediata es solicitar refinanciar tu deuda. El problema de solicitar esto es que tu calificación crediticia cambiará negativamente y así se mantendrá por los siguientes seis meses.

2.8.1. Considera un crédito de consolidación de deuda o transferencias de saldos a una tarjeta de crédito con interés más bajo. Se trata de simplificar tus pagos mensuales en un solo pago, para dar lugar a un pago mensual más bajo. Está dirigido a las personas con una deuda de tarjeta de crédito que, generalmente, tiene tasas de interés más altas. Si tienes una casa u otra propiedad valiosa que puedes usar como colateral, te arriesgas a perderla si no puedes pagar el préstamo. Este tipo de crédito podría reducir tu pago mensual, pero aumentar el monto total que pagas durante la vigencia del préstamo. Pagar más que el monto mínimo puede ayudarte a cancelar el préstamo más rápidamente. Es algo difícil de encontrar. En mi país es popular la «compra de deudas» entre un banco y otro; las tasas de intereses son variables, pero te garantiza que todo lo tengas en una sola cuenta.

2.8.2. Podrías ahorrar dinero. Es posible que puedas pagar tus deudas en menos tiempo. Ejemplo, un trabajo de jornada completa, más asesorías (en las que desarrolles tu especialidad y puedas brindar de forma particular) y pagos extras por conceptos de gratificaciones y horas extras pueden hacer un buen colchón para lo que estás buscando adquirir, aunque vayas poco a poco. Pero de que se puede, se puede.

Hay maneras de ahorrar. Una de las más llamativas es el *kakeibo*, modalidad de ahorro de origen japonés que implica la utilización de un cuaderno. En él se anota, al principio de cada mes, los ingresos y los gastos fijos, como la hipoteca o el alquiler, la luz, autovalúo, entre otros. De esta manera, puedes saber cuánto dinero te queda disponible para el resto de los gastos que tienes durante el mes.

Cada vez que hagamos una compra o paguemos algo, debemos apuntar en el día y la sección que corresponda. Si el gasto tiene que ver con alimentación, ocio, ropa, etc.; se debe ser constante y meticuloso. No se puede dejar nada sin anotar, por muy pequeño que sea el gasto o no servirá de nada. La clave es la planificación y el control. Al final de cada semana y de cada mes, podrás sumar tus gastos por categorías y verás si has llegado a tu propósito de ahorro mensual. De esta manera, podrás corregir tus comportamientos de cara al siguiente mes. Varios ejemplos y comentarios en foros sugieren el éxito de este método, logrando el ahorro de hasta $200 al mes sin pasar necesidades.

Ahorrar dinero en el banco implica que este no te cobrará comisiones por retiros o por no tener un monto mínimo en tu cuenta a fin de cada mes.

Además de que estas entidades pagan intereses por tu dinero, de acuerdo a la cantidad que tengas depositada. Obviamente, a más dinero, mayores intereses. Aunque no podrás vivir de los intereses que te dé el banco, porque no son tan altos. Algo muy diferente sucede si ahorras en las llamadas cajas rurales o en las financieras, que tienen y ofrecen las mejores remuneraciones a los depósitos de más de 360 días.

2.8.3. Busca una agencia de asesoramiento crediticio.

Para conseguir los mejores servicios, tarifas y planes, además de asegurar su legitimidad. Buena parte de los asesores o consejeros de crédito ofrecen sus servicios a través de oficinas locales, en Internet o por teléfono. Trata de buscar una organización que ofrezca servicios de asesoramiento en persona. Una vez que desarrolles una lista de posibles organizaciones de asesoría de crédito, verifica su reputación haciendo este listado de preguntas: ¿Qué servicios ofrece? ¿Me ofrece información? ¿Además de ayudarme a resolver mi problema inmediato, me ayudará a desarrollar un plan para evitar problemas en el futuro? ¿Cuáles son sus cargos u honorarios? ¿Qué sucederá en caso de que no pueda pagar los cargos o hacer contribuciones? ¿Tendré un acuerdo o contrato formal escrito con usted? ¿Tiene licencia para ofrecer servicios en el estado donde vivo? ¿Cuáles son las calificaciones de sus asesores? ¿Poseen acreditación o certificación otorgada por una organización externa?

Las cajas de ahorros provinciales en mi país son unas fuentes de asesoramiento fidedigna, ya que su principal fin es promover el ahorro entre las familias, facilitar préstamos a los empresarios y promover actividades culturales. Tanto cliente como asesor se ponen de acuerdo para llegar a un crédito aceptable entre ambos.

2.8.4. Paga tus facturas a tiempo. Luego de algún tiempo, esto afectará positivamente tu puntaje crediticio y solvencia. Nunca olvides anotarlo en tu agenda o usar una app de alarma para que te recuerde los días faltantes para el pago.

2.8.5. Sé precavido al cerrar cuentas. Porque puede afectar negativamente tu puntaje crediticio, al reducir tu historial o disminuir tu crédito disponible; cierra la cuenta en la que tengas el menor saldo disponible. Contacta con el banco telefónicamente y, luego, en persona. Verifica que no existen deudas ni compromisos pendientes con el banco. Observa que las cuentas que no se han cerrado adecuadamente siguen generando deudas. Conviene esperar un tiempo entre la apertura de una nueva cuenta y la cancelación de la antigua para comprobar que cargan correctamente los recibos y la nómina en la nueva cuenta. Ten bastante paciencia, la cancelación de una tarjeta tarda un mes o más. Pasado este tiempo, solicita una copia de tu informe de calificación crediticia para asegurarte de que la cuenta está clasificada como «cerrada».

Si la cuenta aparece abierta, llama al servicio de atención al cliente de la entidad bancaria para informar del error, envía una carta por correo certificado (incluyendo una copia de tu carta original en la que solicitabas el cierre de la cuenta) y, luego, verifique tu informe de calificación crediticia nuevamente. Un ejemplo de cómo afectaría:

Una persona posee dos cuentas de tarjetas de crédito. La A tiene un saldo de \$500 y un límite de \$2000. La B tiene un balance de cero, porque no está en uso, y un tope de \$3000.

Saldos en total = 500+0=500.

Créditos autorizados = 2000 + 3000=5000.

Tasa de utilización crediticia = 500/5000 = 10%.

Si cierras o cancelas la tarjeta que no usas, la tasa de utilización sube a un 25% porque estás cerrando el crédito disponible o autorizado. Esta tasa por ser más alta perjudica tu puntaje de crédito. Al cerrar la cuenta de la tarjeta B:

Saldos en total = 500 +0=500.

Créditos autorizados = 2000 + 0 = 2000.

Tasa de utilización crediticia = 500/2000 = 25% (se eleva).

Cerrar dos tarjetas de crédito disponibles afecta el puntaje crediticio.

2.8.6. Planifica con anticipación las compras importantes. Sea vivienda, vehículo u otro artículo importante, los puntajes crediticios altos hacen que los prestatarios disfruten de tasas de interés más bajas y límites de créditos más altos. Procura mejorar tu puntaje crediticio en un tiempo de seis meses. Para ello, planifica con anticipación si desea comprar.

Otra anécdota. Tengo una línea de crédito con una entidad bancaria por $5000 dólares, y así estuvo tres largos años. Mi madre tuvo una idea muy arriesgada y genial: le presté $2500 de mi línea de crédito y me depositó puntualmente los seis meses en que solicitó las cuotas para pagar dicha cantidad. Resultado: mi línea crediticia se incrementó a $9500. Ahora puedo disponer de más crédito en mi línea.

En el caso de la adquisición de un inmueble, no solo es esto. Considera el hecho de que estás adquiriendo un pequeño pedazo de nuestro territorio nacional. Esto aplica en el caso de un departamento o un *penthouse*. Actualmente, las metrópolis de diversos países se están tugurizando y gentrificando, espacios que antes nadie daba un valor y ahora sí debido a la llegada de un grupo de inversionistas. Ello como consecuencia de la demanda de personas que desean llegar a sus centros de trabajo, las cuales hacen más apartamentos en espacios muy reducidos. Otras inversiones inmobiliarias son solventadas, en buena parte, por el Estado, con la respectiva consideración del medio ambiente.

Un caso en mi país respecto a la oferta inmobiliaria es el Fondo Mi Vivienda. Un programa inmobiliario auspiciado por el Estado para adquirir una vivienda que incorpora criterios de sostenibilidad en su diseño y construcción, con lo que se disminuye el impacto sobre el medio ambiente. Este fondo otorga el Bono Mi Vivienda Verde como un porcentaje (3% o 4%) que se descuenta al valor de financiamiento, según el grado de sostenibilidad, para la adquisición de ese tipo de vivienda. El posible propietario acude a una entidad financiera para que esta evalúe su capacidad de pago. Es en la entidad bancaria donde puedes solicitarlo, haciendo valer el programa Mi Vivienda Verde.

Otro ejemplo, el caso del inicio del año escolar en mi país entre los meses de marzo y abril. Las listas de útiles escolares constituyen una pesadilla para los padres de familia con hijos en edad escolar. Una solución es comprar parte de la lista al por mayor entre varios padres de familia, o pedir un préstamo enfocado a la campaña escolar a una tasa de interés menor que las tarjetas de crédito.

2.8.7. No te endeudes más allá de tus posibilidades. Trata de no pedir préstamos por montos que no puedas pagar en los siguientes 60 días. De tu sueldo mensual, solo deberías destinar como máximo entre el 30% y el 40% para el pago de deudas.

Hace tiempo aprendí un fórmula que encontré en diversas páginas web; se llama la regla del 20, 30 y 50. Se trata de que el 50% de tu salario lo utilices para cubrir tus gastos más básicos, como lo son el pasaje para transportarte o los insumos para movilizar tu auto, comida, pago de servicios y arbitrios; el 20% para ahorros en casos de emergencia y el 30% para tus gastos personales. Siempre cuida esta valiosa regla.

2.9. Así incremento mi historial crediticio

Como sabrás, los diversos organismos encargados de la regulación y supervisión de los sistemas financieros, de seguros y privado de pensiones de cada país tienen la obligación de registrar toda la información de las entidades que vigila: bancos, cooperativas, financieras, cajas, edpymes. Igualmente, tienen la obligación de reportar cuando sus clientes dejan de pagar créditos, tarjetas, o mantienen las cuentas en sobregiro.

Cada vez que dichas entidades gestionan un conflicto por incumplimiento de pago, envían un reporte. Las empresas comerciales y las entidades educativas también reportan, lo hacen a las centrales de riesgos privadas. Estas recogen toda la información para sus clientes, es decir, todo aquel que quiera consultar. Cada vez que consulten tu identificación, verán lo que eres económicamente.

Una curiosidad me sucedió cuando adquirí una nueva línea telefónica. El número estaba antes a nombre de otra persona, a la que llamaremos Juan Pérez. Durante unos dos años, una conocida tienda de electrodomésticos llamó a mi número buscando al tal Juan Pérez. No me imagino cuánto habrá disminuido su historial crediticio.

2.9.1. Paga a tiempo. Facturas, tarjetas de crédito, créditos personales e hipotecarios, servicios públicos, celular, impuestos, cheques, letras, pensión alimentaria. Utiliza el «débito automático», un servicio que te permite pagar tus facturas automáticamente usando una cuenta de ahorros o corriente; siempre y cuando haya dinero en la cuenta.

2.9.2. Controla tus gastos. Para que al final del mes tengas saldo en tu cuenta bancaria. Otra corta anécdota sobre cómo controlar gastos. Hubo un tiempo en que no tenía un trabajo fijo. En ese periodo fui a una feria alusiva a gatos (tengo varios como mascotas). Deseaba comprar un cepillo especializado para su pelo; tenía que gastar $70 por uno. Hallé el instrumento más otros elementos, que no necesariamente les serviría a mis gatos. Al final de la visita a la feria, debía pagar por todo $200. Ese mes tuve que controlar los gastos de mis gastos.

2.9.3. Al seguir el paso anterior, si todavía no la tienes, abre una cuenta corriente. Este tipo de cuenta tiene un par de servicios adicionales: puedes hacer uso de los canales virtuales y tendrás un cupo de sobregiro, que es una especie de crédito. Si no dispones de efectivo y debes hacer un pago, podrás sacar dinero de tu cuenta aunque no lo tengas. Ese dinero genera intereses (costosos) y tendrás hasta 30 días para pagarlo.

Además, podrás hacer transferencias sin ningún costo a cuentas de ahorro y realizar retiros y depósitos con cheques de otras entidades sin incurrir en otros gastos, evitando los peligros de cargar dinero físico. Parte de la evaluación que hacen las entidades es la relación que hay entre los cupos de crédito disponibles y el uso que les das; bajo uso del sobregiro se traduce en «buen manejo» y, por tanto, la calificación será buena.

2.9.4. Aumenta el cupo de tu tarjeta o pide una nueva. Esto incidirá en la relación cupo crédito/uso del crédito. Usa tus tarjetas sabiamente, ni el 100% ni el 0%. Hablaremos sobre las tarjetas de crédito en los siguientes apartados.

2.9.5. Consigue un incremento en tu límite de crédito, mejorará tu calificación crediticia. Basta reunir la documentación que sustente las razones por las que se te debería dar un incremento en el crédito (un aumento salarial, por ejemplo). Argumenta tu caso. Sin embargo, ten presente que una solicitud de incremento en el límite de crédito puede ocasionar que tu calificación crediticia disminuya algunos puntos.

2.10. Superar la deuda de tarjeta de crédito

Antes de entrar de lleno en esto, lee bien todos los términos y condiciones sobre la tarjeta de crédito. De esta manera, te evitarás disgustos y estarás atento a lo que vendrá.

2.10.1. Evita retirar dinero en efectivo de las tarjetas de crédito. En particular, para pagar las tarjetas de crédito u otras deudas. Esta fue una de las razones por las que me endeudé, como comenté al inicio. Cuando quería efectivo, mientras no recibía mi salario, sacaba $10, $20 o $30; siempre me cobraban $9. Así me encaminé en la mayor deuda de mi vida.

2.10.2. Regístrate para una nueva tarjeta de crédito. Considera esa posibilidad mientras llevas tu vida diaria. Los centros de llamadas de las diversas entidades bancarias te buscarán y te tocará elegir.

2.10.3. Si tienes demasiada deuda de tarjeta de crédito, conseguir otra tarjeta de crédito no es la respuesta. Sin embargo, si necesitas aumentar tu puntaje de crédito rápidamente, esta puede ser tu única opción. Trata de obtener una tarjeta con una opción de transferencia de saldo intro 0%, lo que te permitirá transferir tu deuda existente y descansar de pagar intereses cada mes. Si no puedes obtener la aprobación para tarjetas de crédito debido a tu baja puntuación, busca obtener una tarjeta de crédito garantizada.

2.10.4. Mantén las tarjetas abiertas. Debido a que cada una continúa contribuyendo a tu historial de crédito. De hecho, muchas personas tienen la creencia errónea de que cerrar las cuentas de tarjetas de crédito ayudará a su puntaje de crédito, cuando es probable que ello genere el efecto contrario. Cuanto más tiempo tengan tus cuentas, más agregarán a tu puntuación. Incluso, si ya no usas tus tarjetas de crédito antiguas, puedes cortar las tarjetas o bloquearlas pero no las anule. Esto me pasó con una tarjeta de crédito de una tienda de electrodomésticos, la bloqueé para no usarla pero no la anulé. Esto incrementó mi historial crediticio.

2.10.5. Compara diferentes tipos de tarjetas. Las tarjetas de crédito prepagadas no se reportan a las agencias crediticias principales y no ayudarán a incrementar tu calificación crediticia. Sin embargo, una tarjeta de crédito asegurada puede ayudar a mejorar tu calificación. Esta es una tarjeta de crédito con una garantía (que se convierte en el límite de crédito), la cual puede mejorar tu calificación crediticia; siempre y cuando la uses responsablemente. A mí me conviene utilizar una determinada tarjeta de una determinada entidad bancaria porque otras me elevan mi tasa de interés, lo que no beneficia mi historial crediticio.

2.10.6. Mezcla tus formas de crédito. Un ejemplo es la apertura de una tarjeta de crédito de una tienda y su uso para algunas compras. Este tipo de tarjetas pueden mejorar tu puntaje de crédito, aunque ligeramente. Estas te ayudarán a resistir el impulso de gastar en otras cosas y acumular recompensas, como el gas libre. Paga la balanza inmediatamente después de cada uso y tu calificación de crédito reflejará tu buen historial de crédito, historial de pagos y aumento del crédito disponible. Un buen uso podría ser una tarde de compras pagaderas posibles o una cena que cancelarás inmediatamente para mantener activa tu tarjeta. Negocia con el banco, sé asertivo para los nuevos créditos.

Ten cuidado al combinar cuentas empresariales y privadas, porque los préstamos personales pueden ayudarte solo hasta cierto punto y tu negocio sobrepasará los recursos financieros vinculados a tus activos, lo que disminuirá tu estabilidad financiera. Cuando eliges créditos empresariales le das a tu empresa la opción de desarrollar un historial financiero fuerte, lo que te permitirá asegurar préstamos más grandes y complejos en el futuro. Estos poseen mejores condiciones con tasas que pueden ir del 8 al 12%, contra las de uno personal cuyos porcentajes pueden ubicarse entre un 45 y 50% anual. No hay manera de saber anticipadamente cómo cierta acción afectará el historial crediticio, porque la cifra depende de la información única dentro del reporte de crédito.

2.11. Conserva de esta manera tu historial crediticio

2.11.1. Limita tus cuentas. Muchas tarjetas de tiendas y/o de crédito pueden reducir tu puntaje crediticio, inclusive si no utilizas las cuentas y pagas los saldos en su totalidad. Bloquea las tarjetas, pero no te excedas en compras.

2.11.2. Usa tus cuentas. Realiza compras y paga el saldo total cada mes. De esta manera, mantienes baja la relación saldo-límite. Utilizar menos del límite de crédito disponible ayudará a aumentar tu puntaje crediticio. Las pequeñas compras, ya sabes.

2.11.3. Paga tus facturas a tiempo. Los prestamistas tienen en cuenta tus registros de pago para establecer tu confiabilidad. Recuerda esto siempre.

2.11.4. Usa tarjetas de crédito de forma regular y responsable. Para compras pequeñas y pagar el saldo al final del mes. Esto muestra que puedes pedir prestadas pequeñas cantidades de dinero y se puede confiar en que las pagarás cuando canceles tus cuentas al final del mes. Así que paga a tiempo.

2.11.5. Conserva tu empleo, emprendimiento y/o vivienda principal por dos años o más. Los prestamistas utilizan esta información para determinar tu estabilidad. La responsabilidad vale, incluso un emprendimiento *freelance*. Lo cierto es que actualmente un trabajo estable no es suficiente y la creación de una empresa genera ingresos a partir de tus conocimientos.

2.11.6. Sigue revisando tu informe crediticio. Así podrías detectar actividad no autorizada y errores. Informa los inconvenientes de inmediato. Nunca lo descuides. Programa siempre unos días para revisar el informe a través de Internet.

2.11.7. Consigue un préstamo que puedas pagar fácilmente. Si sabes que podrás pagarlo, un préstamo personal puede mejorar tu calificación crediticia. Por ejemplo, un préstamo para pagar un equipo móvil en cinco meses.

2.11.8. Usa tus recursos. Si tienes una casa pero te has endeudado, revisa si el valor de la propiedad ha aumentado recientemente. Puedes tomar prestado dinero contra el patrimonio de tu casa para obtener un pequeño préstamo, el cual incrementará tu calificación crediticia. Los padres de la amiga que me prestó el dinero para pagar mi deuda hipotecaron su casa para crear su empresa. Luego de 12 años, pudieron recuperar su casa. Pídele ayuda a un miembro de tu familia. Puede ser que conozcas a alguien que tenga un mejor crédito que tú y pueda ayudarte en esta situación. Pídele que sea el garante de tu préstamo. Esto le garantizará al banco que el préstamo se pagará y te dará la oportunidad de mostrar fiabilidad. Da ese aval pagando a tiempo.

2.11.9. Optimiza tu tasa de uso de crédito. Si tienes varias tarjetas de crédito y deudas en cada una, las tarjetas con ratios altos de deuda a límite se penalizan más en tu calificación crediticia que las tarjetas con ratios de deuda a límite más bajos. Ya sabes que las tasas de uso de crédito ideales están por debajo del 10% y que puedes transferir la deuda de una tarjeta a otra para ayudar a acomodar el uso de crédito. Considera si tendrías que aceptar tasas de interés más altas, recurre a todas tus posibilidades.

Es importante agregar que entre las cosas que deberías pagar con tu tarjeta de crédito se encuentran pasajes aéreos, hoteles, cruceros u otros tipos de viajes, ya que ofrecen beneficios que pueden ayudarte a ahorrar dinero y protegerte de pérdidas. Adquirir un nuevo móvil con tarjetas de crédito proporciona garantías extendidas y protección contra robos y daños durante los primeros 90 a 120 días, después de que compras el artículo.

Igualmente, la tarjeta de crédito es útil para pagar por adelantado bienes o servicios que recibirás más adelante. En el caso de que se cancele la entrega del producto o servicio que pagues, el emisor de tu tarjeta te reembolsará la compra. Con algunas tarjetas de crédito puedes recibir puntos y millas adicionales por concepto de facturas de cable, electricidad e Internet. Ten en cuenta que la tarjeta de crédito no es la extensión de tu dinero, pues es un monto que el banco te presta y debes devolver. Tampoco es para pagar las compras en decenas de cuotas, sino entre tres o seis. De esta manera, no aumentarás el monto final de tus adquisiciones.

Capítulo 3. Consejos para aprovechar la libertad financiera (aún más)

Si tienes varias deudas, no sabes cuánto cobra cada una, a qué intereses y muchas otras cosas, es importante que crees un plan de pago. Solo tú puedes identificar cuánto dinero recibes y cuánto puedes pagar demás cada mes. Evita gastar para impresionar a la gente; ten sentido del gasto financiero. ¿Seguro que necesitas esa televisión de 60 pulgadas más que ropa nueva para tu trabajo, libros para tu conocimiento o un curso para capacitarte? La tarjeta de crédito no puede ser vista como una tentación.

Puedes compartir gastos. He visto que varios jóvenes y adultos comparten espacios comunes. Los llamados *roomates* comparten el arrendamiento del espacio, algunos servicios, el transporte, la comida y más. ¡Crea más fuentes de ingresos! Y si no las creas, echa a un lado esa tarjeta de crédito. Hay gente que vende sus productos y servicios a través de Internet. Averigua cómo puedes convertir tu hobby en pasión y talento. De ser una *community manager* de empresa, ahora vendo mis imágenes por Internet, ofrezco servicios de aseo de mascotas cerca de mi casa, especialmente gatos y más.

Busca mentores que te ayuden a descubrir tu inteligencia financiera, así como libros que te culturicen en ello. Invierte tu dinero. ¿Cómo? Primero tienes que saber que no hay inversión sin riesgo; descubre si eres un inversor arriesgado, conservador o moderado. No vas a conseguir dinero rápido. Algunas inversiones van a generarte los primeros ingresos luego de unos meses y otras, después de unos años. Además, las inversiones pueden depender de factores macroeconómicos y otros factores externos.

Te sugiero que inviertas el dinero extra que tengas ahorrado y que puedas perder sin que te afecte. Los fondos de inversión o depósitos a largo plazo son una buena manera de empezar. Otra buena opción es la junta, que tiene como objetivo la ayuda mutua entre los integrantes de la misma con el ahorro e inversión. Este grupo de personas aportan (periódicamente) una cantidad de dinero denominada cuota para formar una «bolsa», que se adjudica a uno de los miembros elegidos previamente. Todo comienza con la persona que le toca ese mes y así sucesivamente hasta que todos reciban su dinero. No hay tasas de interés, pero sí confianza mutua.

Si no tienes un fondo para emergencias, no uses la tarjeta de crédito en caso de que se te presente alguna. ¿Cómo cubrirás luego el forado que tú mismo has hecho? Para pensarlo y digerirlo. Si quieres salir de deudas más rápidamente, debes conocer tu monto total adeudado. No te hagas el ignorante ni procrastines el monto del mes hasta el último día de pago, no lo hagas. Clasifícalas por monto total adeudado, que viene de la suma de la tasa de interés, cobros adicionales, cuánto es el pago mínimo mensual, deuda total y a cuántos meses está diferida la deuda. Vende los artículos que no usas y que están en buen estado, como cafeteras visualmente agradables, libros, objetos decorativos; con el objetivo de recuperar algo de dinero. Cancela los servicios que no necesitas, como televisión por *streaming*, clubs a los que tu presencia se limita a una o dos veces al año; lo que en realidad constituye un agujero para tu economía.

Con el tipo de cambio en nuestro país, los exportadores y aquellos que tienen ahorros o inversiones en moneda extranjera son los primeros beneficiados. Cuando se pide un crédito en dólares y se tienen ingresos en moneda nacional, el cambio de moneda necesario para hacer los pagos genera un saldo beneficioso para el banco. Esto se debe a que el precio de venta del dólar no es igual al de compra. Se debe tener presente la tasa de cambio. Un préstamo en dólares resulta conveniente cuando el valor de esta moneda disminuye. Esto no es estable y puede alterar tus finanzas si el precio de dicha moneda sube repentinamente. Se debe tener cuidado, más cuando se trata de préstamos personales.

No especules sobre la tendencia de la moneda extranjera; diversifica en monedas tus ahorros e inversiones. Cuando los depósitos a plazo fijo y los fondos mutuos están tanto en soles como en dólares se evita el riesgo cambiario. También, reduce tu deuda en dólares. Ten presente que tu pensión la recibirás en moneda nacional.

Antes de prestar dinero a tu amigo, vecino, pareja o a alguien en específico, ten en cuenta que prestar dinero de palabra no es una opción válida; tienes que redactar un contrato para obligar a la otra persona si se niega a pagarte, a cumplir con lo acordado. Tú puedes averiguar a través de diversas plataformas cómo está la economía de la persona a la que planeas prestarle dinero. Si esa persona tiene grandes deudas con el banco, con prestamistas, con cajas municipales, con tiendas *online*... te recomiendo que no le prestes dinero. ¿Quién te garantiza que te lo devolverá?

Lo que no debe faltar en el contrato de préstamo con alguien:

- Tu nombre y el de la persona a quien deseas prestarle dinero (sus documentos de identidad).

- El monto que vas a prestar.

- El tiempo que la otra persona tiene para devolvértelo.

- La forma en que te devolverá el dinero.

- El cronograma en el que se realizarán los pagos.

- Los intereses, de ser el caso.

- La firma, con la certificación notarial.

- Un pagaré.

Nunca está demás solicitar alguna garantía para asegurar la devolución de tu dinero.

Es importante tener presente que siempre hay operaciones fraudulentas. Una de las más conocidas es el esquema Ponzi. Este esquema constituye una operación de inversión fraudulenta que se basa en el pago de intereses a los inversionistas con el propio dinero invertido o el de otros inversionistas. Primero se busca inventar un producto financiero que suponga una inversión. Se lo presentan a las personas diciendo que si invierten dinero en él podrán cobrar unos intereses bastante altos, mucho más que con cualquier producto tradicional. Aquellos que no sospechen de este fraude invertirán esperando grandes cantidades.

Cuando el número de inversores es cada vez mayor, los que vienen después ven que los que han invertido antes cobran el dinero prometido. Estas personas reciben el monto, pero esa ganancia no tiene el origen que se les explicó; viene de las cantidades aportadas por nuevos inversores e incluso por ellos mismos. De esta manera, los primeros en llegar son los que más ganan y solo funciona cuando aparecen nuevas personas o candidatos a ser embaucados. Uno se da cuenta de ese esquema por el porcentaje de interés, ya que los intereses que se prometen son mucho más altos que los que ofrece cualquier otro producto. Además de que no se reconoce bien lo que se está vendiendo para conseguir las ganancias.

Un ejemplo de ello es algo muy curioso que sucedió en mi país a nivel nacional: tres reconocidos artistas del entretenimiento peruano, los populares «exparticipantes de programas de concursos de telerrealidad», promovieron una «red de mercadeo muy rentable» que en realidad era una estafa. De acuerdo a diversos diarios de mi país, para ser parte de esa red uno debe inscribirse pagando una cuota inicial de $225 y después un monto mensual de $160.

Supuestamente, esta inversión podría dar una ganancia de más de $25000. Para no creerlo. Un programa televisivo que cubre la sección de espectáculos invitó a un economista para que aclarara el tema. Desde luego, el esquema planteado por las figuras de la televisión constituía una estafa. El economista aseguró que se pueden quedar con una rentabilidad por debajo de lo invertido y que el capital se lo llevan la red de mercadeo.

También aseguró que la red es una «estructura piramidal» en la que si no llevas personas, pierdes todo tu dinero y no hay ninguna institución a la que puedas reclamar. ¿Y a quienes usaron estos chicos de la telerealidad? A sus ingenuos fans, que no tenían idea de lo que promovían sus ídolos. Aunque los artistas se defendieron, el asunto tuvo visibilidad por un buen tiempo. Tanto, que hasta el organismo encargado de la regulación y supervisión de los sistemas financieros en mi país advirtió al público en general de que tengan cuidado con participar en este tipo de negocios, porque podrían perder sus ahorros.

Capítulo 4. Consejos finales

Una de las herramientas que puedes utilizar a tu favor es el préstamo de libre inversión o personal; sin embargo, tiene ciertas restricciones. Nunca compres un auto con ese tipo de crédito, puesto que para ello existe el crédito específico. Un crédito para auto cuenta con tasas de interés y beneficios más convenientes que los de un préstamo personal. Tampoco es bueno para pagar otro crédito, salvo la famosa «compra de deudas». No ingreses en el llamado «carrusel», es decir, pedir un préstamo para pagar otro, a menos que se trate de una consolidación de deudas: pedir un crédito para cancelar varias deudas y quedarse con una sola. Tampoco se recomienda para completar la cuota inicial de un crédito de vivienda; ahorra siempre para ese tipo de compra.

No debes prestar a otras personas; a pesar de que los conozcas, no son tú y pueden fallar en pagar a tiempo. ¿Más facilidades para pagar ese préstamo? Obtén tasas más bajas al abrir una cuenta en la entidad elegida, más si es una cuenta donde depositen tus abonos o haberes; accederías a tasas de interés más bajas. Te ayuda el hecho de poseer una tarjeta de crédito de esa entidad. Una buena manera de reducir los intereses por tu préstamo es pagar cuotas extraordinarias, es decir, pagar doble cuota en ese mes y generas un ahorro. Recuerda: tener préstamos y tarjetas pre-aprobadas constituye un buen indicador en tu historial crediticio; les aseguras a diversas entidades que tienes una situación económica solvente.

Si te niegan un crédito porque sobrepasa tu capacidad de pago o no demuestras tener los ingresos necesarios para pagarlo, solicita el porqué del rechazo. De esta manera, podrás ver las mejoras que puedes hacer, como reducir tus deudas y préstamos pendientes por finiquitar, aumentar tus ingresos para una mayor capacidad de pago, o bien volver a revisar tu reporte crediticio para nuevamente solicitar el monto a prestarse.

Otros aspectos importantes a considerar: invierte en tu crecimiento profesional y personal, proyecta metas, usa el sistema 50-20-30 que explicamos en líneas anteriores, ten un balance general de ingresos y egresos, sal de la zona de confort, deja de envidiar y quejarte. Todos estos hábitos te permitirán mejorar financieramente, mientras tu historial crediticio se ve beneficiado.

Debe ahorrar dinero. Si quieres ver crecer tu dinero, debes hacer sacrificios. Busca todas las formas para ganarte la vida. Me permito un ejemplo. Tengo una *coach*, quien me advirtió que dos afecciones de salud son las más caras: enfermedades coronarias y enfermedades relacionadas con la salud mental. Así tengas un trabajo humilde, deberás ahorrar para atender una o las dos afecciones. No les diré cuál tengo, pero puedo asegurar que el costo de las medicinas y de la consulta médica particular es alto.

Deja el empleo que tienes. Actualmente, un empleo estable en mi país no es seguro. Son muchos los egresados de mi profesión y cada día hay más recorte de personal en los centros laborales. La clave está en emprender. Un ejemplo, mis padres, ella obstetra y él técnico electrónico y chofer. Un día dejaron de ser empleados de una entidad del Estado en mi país y emprendieron diversos negocios: transporte particular, tienda de variedades, concesionaria de comidas, prestamista, instalaciones a domicilio. Estos emprendimientos les han reportado más ingresos que sus carreras. Actualmente, siguen invirtiendo en inmobiliarias mientras reciben ingresos residuales por alquileres de departamentos y tiendas.

Uno de mis abuelos trabajó en una textilería durante 40 años, como técnico de maquinaria. Sí, compró dos casas, pero fueron 40 años de sacrificio. Trabajaba hasta en días festivos, no vio crecer a mi madre y tuvo que descansar por tantos años de trabajo. Yo, particularmente, le dije adiós a los gustos costosos: me despedí de esa jarra con cabeza de gato y de ese lujoso viaje en primera clase. Por último: Bill Gates, Mark Zuckenberg, Steve Jobs, Michael Dell, dejaron su confort y emprendieron su propio camino. Y a ti, ¿qué te falta para empezar a crear tu libertad financiera? Tú decides.

CPSIA information can be obtained
at www.ICGtesting.com
Printed in the USA
BVHW011958160120
569728BV00008B/60/J